若狭湾沿岸地域総合講座叢書8

若州良民伝に学ぶ

～社会規範と現代教育～

敦賀短期大学地域交流センター

＊目　次＊

若狭路文化研究会第２回フォーラム

「『若州良民伝』に学ぶ」の開催にあたって

司会　只今から若狭路文化研究会主催第２回記念フォーラム「若州良民伝」に学ぶを開催いたします。まず最初に、当フォーラムの主催であります若狭路研究会会長そして敦賀短大講師であります金田久璋がご挨拶をいたします。それでは金田さんよろしくお願いいたします。

金田　ご紹介をいただきました金田久璋でございます。今日はもう朝から大変蒸し暑くございまして、いまいちお集りの方々が少ないようで残念ですが、よろしくお願いいたします。若狭路文化研究会を代表いたしまして一言ご挨拶を申し上げます。周囲の山々から山肌を削る力強いブルドーザーの音が鳴り響いてきまして、いよいよ舞鶴若狭道・高速道路の建設が敦賀の方からも始まったようでございます。わたしは美浜町に住んでおりますが、美浜町の集落の裏山もブルトーザーで削られています。世の中が便利になることはいいことなんですが、開通の暁には都会の文化が若狭路にどっと流入してくるようで、これまで継承されてきました祭りや、地元の民俗文化が危機に瀕するのではないかという危惧が一方にございます。このような考えのもとになんとかそれに歯止めをかけることが出来ないか。ついては財団法人げんでんふれあい福井財団からのバックアップをしていただくという大変ありがたいお申し出と貴重なご提言をいただきまして、当時福井県の教育長さんであられました稲沢俊一さん、残念ですが２年ほど前にお亡くなりになりましたけども、私たちの気持ちを受け止めていただき、若狭路文化研究会を平成11年に発足をいたしました。研究会の会員というのは民俗学や歴史学をはじめ各界の研究者や活動家20名が集まりまして若狭路の民俗文化の記録保存と継承など、民俗資料の調査研究等の活動を進め地方文化の発展と向上に寄与するということを目標といたしましてそれぞれの企画事業に取り組んでまいりました。この間、本日も影印本の『福井県神社明細帳』を会場入口で販売いたしておりますが、他にも若狭路の民俗芸能のビデオ『若狭路の王の舞』等を手掛けてまいりました。若狭路の民話なども計画にあがっておりますけども、皆様方からのご要望がありましたら検討させていただきたいと思っております。今回は昨年出ました『若州良民伝』の刊行を記念いたしまして、第2回のフォーラムを開催をさせていただきました。実はこういった刊行物はその都度、県下の市町村の図書館や博物館、資料館・研究所に寄贈させていただいております。この6年間本当にげんでんふれあい福井財団、県教育委員会には大変お世話になりまして、あらためてこの場をかりてお礼の言葉を申し述べさせていただきます。今回のフォーラムは昨年刊行しました『若州良民伝』に基づいて開催をいたしますが、現在毎日のように教育現場における異常な事態が報道されておりまして、まさに時宜にかなった催しになったのではないかと思います。豊かな生活と引き換えにわれわれが失ったものはなんだろうかとつくづくこの頃考えさせられます。今日は東京から大槻先生、多田先生をはじめ教育問題の専門家や研究者の方々が登壇されますので、日頃みなさんがたが考えておられることや疑問点ご意見あるいはご提言など色々あると思いますので、是非ご遠慮なさらずにご発言をいただければありがたいと思います。司会の多仁先生の方でうまく取り仕切っていただけると思います。最後になりましたけれども共催・後援・協賛いただきました敦賀短期大学をはじめとする各団体に感謝の言葉を述べさせていただいてお礼の言葉とさせていただきます。今日はどうもありがとうございました。よろしくお願いします。

司会　ありがとうございました。それでは続きまして当研究会に多大なるご支援をいただいております財団法人げんでんふれあい福井財団の山田専務理事様よりご挨拶をいただきます。宜しくお願いいたします。

山田専務理事　只今ご紹介をいただきました財団法人げんでんふれあい福井財団の専務理事をやっております山田でございます。今日は大変夏らしい暑さになりまして皆さん本当にご苦労様でございます。只今金田会長さんから話がございました私どものげんでんふれあい福井財団と若狭路文化研究会のかかわり合いと申しますかその関係を先程会長さんから縷々説明がありましたように、私どもの財団は実は平成９年に発足をいたしました。福井県の文化の振興とゆとりとふれあいのある地域づくりに少しでもお役にたとうという福井県の文化あるいはその育成に少しでもご支援をしていきたいなとこういう団体でございまして、どうにか８年目を実はむかえたわけでございます。毎年度それぞれ文化団体の育成の支援を主にいたしましてそのほか色々の文化イベント等の開催をさせていただいております。その中で先程金田会長さんからお話がありました民俗文化財の育成支援保護調査研究そういう問題につきまして特に嶺南地方においては高速道路の問題もございましたが開発がおしかけてまいりまして、その民俗文化というものに衰退をする恐れが各所に出てきているのでなんとかこれを取り返して守っていこう。そしてそういうことについても色々の若狭路文化の積み重ねたもの支援をいただく方向にもっていこうじゃないかということで、金田さんを中心に造詣のある方々が若狭路文化研究会というのを平成11年におつくりになられました。それまでに先程のお話にありました福井県教育委員会稲沢教育長あるいは現在の教育振興課長をしておられますが当時文化課の課長補佐でございましたが、わが財団にまいりまして若狭路文化研究会をつくるので全面的な支援を財団でしていただきたいと、こんなことで今日まで若狭路文化研究会に対する支援並びに毎年度の企画事業につきましてはご支援を申し上げているところでございます。伝統芸能、伝統行事、民俗そういう関係につきましては中心的に支援をしていくという考えに立ちまして今後も続けていこうと思っている次第であります。さて本日のフォーラムでございますけれども前回は『福井神社明細帳嶺南編』を発刊した関係で小浜でフォーラムが開かれました。多くの方々のご出席をいただいて色々な行事をしていただいたわけでございます。今日の『若州良民伝』につきましては、現代教育との接点とはなんぞや、いろいろ疑問のなかで大槻先生の基調講演をはじめ、それぞれの分野の専門の方々のお話を承ります。確かに今の21世紀に入った我国というのは大変な時代です。例えば先程携帯電話の話が出ましたけれどもインターネット、テレビでいいますとBSデジタル放送の開始など、高度情報化社会が進んでいる印象がありますが、我々の日常生活の中にも色々と家族の問題、高齢化少子化、核家族化が起きています。学校においても週休二日制や総合学習・生涯学習が導入されて大きく変化しています。

私たちは温故知新という言葉を若い時に色々いわれまして習いました。まさに温故知新、古きをたずねて新しきを知る。これがそういう自分も含めておそらく今日のフォーラム、色々な意味での深い議論が展開されることを期待をいたしましております。また会場を提供していただいた敦賀短期大学に心からお礼を申しまして挨拶といたしたいと思います。どうもありがとうございました。

(2006 専務理事退職)

『若州良民伝』を読んで

—「一人前」について —

早稲田大学教育学部名誉教授
大槻《おおつき》　宏樹《ひろき》

最初にこのような機会を与えていただいた若狭路文化研究会会長の金田先生、副会長多仁先生、それから財団の方々あるいは周りの皆様に厚くお礼を申しあげたいと思います。また『若州良民伝』このような大変立派なものが刊行されましたことを心からお慶び申し上げます。今日はパネルディスカッションの前座をつとめさせていただきます。ご紹介いただきましたように私は一昨年に早稲田大学を定年になりまして今遊びほうけているのですけども、大学では二年浪人しましたので、早稲田大学では入りましてから定年までちょうど50年、教員生活ちょうど40年、相撲部の部長をちょうど25年やりました。だいたい大学の運動部の部長というのは飾りなんですけれども、私は一昨年までまわしをしめてやっておりました。もちろん弱い奴とやっていたんですけれども、連盟からは名誉五段をもらいました。

今日は会長の金田先生からですねテーマを何でもいいからと言われまして、きちっと考えましてこのフォーラムにうまく添えるかどうか分からないですけれども、恐らく一人前ってどうかなと思って、後で考えましたらですね会長金田先生は民俗学をやっておられると言う事でありますし、それから副会長の多仁先生は、近世の一人前についての若者組について多仁先生はそちらの第一人者でありますし、やばいテーマをやるんだったなという感じなんですけれども、私に与えられた時間はだいたい一時間と言う事でございますので宜しくお願いしたいと思います。

まず私が一人前について興味を持った最初はですね。大学に入った頃に教育学者で勝田守一という人がいるんですがその人の文庫本で『教師』という本があるんですが、その『教師』の本の中で「教員の役割というのは子供たちを一人前にすることである」と書いてあるんですね。まあそれがちょっと気になっておりまして一人前にするってのはどういうことをしたらいいのだろうかな。あるいはユング生活綴り方とかあるいは生活記録。国分一太郎という有名な方がおりますが、この人の教育論の中で教育というのは、若者を一人前にすることだと同じように書いておりまして、ただこの二つの本ですね一人前という定義はないんですね一人前にすることだと、非常に分かりやすいんですけれども。さて一人前とはどういうことになるのかなという風に思ったのがきっかけでございました。

一人前ということについてはですね私はだいたいあの二つ程のことが今まであったんじゃないかと思います。一つはですね。これは、食堂やなんか行きますと料理一人前とはあるんですけれど、私は食いしん坊なので一人前だとちょっと少ないんですが、今日の昼は足りましたけど、これは、一つは一人前という特に前の意味が「分配」である。「分け前」、「分け前」の「前」、これを意味している。だから大人と同じ同量の分け前を得る、そのためにも大人と同じように働く。一人役の言い方がございますけれどもそれは先程の料理の分け前、一人前をとるということは、仕事の器量としてもそれだけのものが使われるという様な意味で、この一人前の料理を割当てる、割当を受けるものとそれだけの仕事というものとの、何と言いますかセットで一人前つまり分配とか分け前という意味で、一人前と言うことが言われている。それからもう一つは一人前をよく場合によって「ひとり前」と言う書き方いたしますけれども、その方がより合うのかなと、それは一人前ってのは文字通りひとりだけ前にでてよろしい。まあ例えば近世なら近世の社会であると、人様よりも二人前、前へでてはいけませんよ。それから考え方としてもあるいは思想にしても一人分だけ前に出るのは許される、だけど二人分出ちゃいけないよというのがこの一人前あるいはひとり前というようなのがそこにある。これはある意味では「分」というのが儒教でございますが、ちょっと話は唐突ですけれども、あの今１万円札が福沢諭吉ですが福沢諭吉は、有名なのは学問のススメでこれは多くの人が『学問ノススメ』をご存知であろうと思います。特に出だし書きで「天ハ人ノ上ニ人ヲツクラズ、人ノ下ニ人ヲツクラズト云ヘリ」というところから『学問ノススメ』が書かれておりまして、一般にはそのような福沢諭吉の考え方は「天ハ人ノ上ニ人ヲツクラズ、人ノ下ニ人ヲツクラズ」というあの考え方でずっときているような気がするんですけれども、ただ福沢諭吉はですね一人前という用語をですねこんな風に使っています。それは『学問ノススメ』の緒言の文庫本でいうと二ページくらいに出てくるんですが、一人前の男は男、一人前の女は女として自由自在である。一人前の男女であれば自由自在に振る舞えといわれたけれども、ただ忘れちゃいけないのは分の思想だ。分限をわきまえろというのです。これがつまり学問をするのに分限が必要だということと、一人前の男は、男と女をうまくセットになっているんですね。福沢諭吉は儒教は大嫌いな人なんですけども、なぜか緒言には儒教の考えが散らばっています。その例としましてはですね例えば、福沢諭吉はそこからまた１頁くらい後で、これは福沢諭吉が「支那」といっているのでそのまま使わせていただきますと、支那が植民地化されるのはなぜか。それは支那が分を知らないからだ。つまり自分の国の文明とか自分の国の力を武力、そういうものを知らないで適当にやるから植民地化されちゃうんだよ。これは当たり前ですよ。分の思想が大切だというんです。それと一人前のセットにされている。この間、私は人よりは前に出ちゃいかんというもう一つの例がこの例ではないのかなあと思っております。十分調べた訳でありませんが私はそうだろうと思っております。一応そんな所を前提にですね、今日のお話っていうのはまず日本の近世のにおける一人前について二つ程考えてみたいと思います。

一つは、若者組についてであります。一般にはどう言われているかというと、若者組に入りますとその村落での一人前の資格を得るんだというふうにいわれております、その一人前の資格を得るというのはどういうことかというと、だいたい四つ程のパターンがありまして、一つは神社祭礼に参加できるということと、労賃が大人になるということと、結婚の資格を得るということと、年中行事に参加できる、まあこのパターンでございます。地域によっては若干かわってきますけれども、およそ15歳前後で若者組に入ります、そうしますと一人前という資格を得るわけですから、そこで若者組に入る、いろんな地域によって若者入りの条件が違います。私が、伊豆諸島の御蔵島の歴史を書いているんですが、その前に新島とか大島とか、島のことを書きましたけれども、若者入りをするのに、例えば新島に今きれいに残っているのがですね、力石というのが残っているんですね。いろんな分野でですね、力石というのは30貫とか40貫の石を書いてありますけれども、これは殆どが間違いで、これは若者組に入った時の力石ではなくて力比べの力石で、若者組のものはだいたいが12貫前後が相場です。新島ですとその12貫目の石を持つだけではなくて、漁業が主な仕事ですから、その石を持って船の中と陸とを往復できるというのが若者組入りの条件になっておりました。まあ力石というのはいろんなところに残ってるのですが、ちょっと余談なんですけれども、新島の若者組に残されているものとして長枕というのがあるんですが、9尺の四角い棒なんですが、そこに若者入りした下っ端の連中は頭を交互に1年間は寝なきゃいけなかった。それは火事の時や難破船の時に緊急に出動しなきゃいけないものですから、長枕で寝かせていると緊急の時に端っこを持ち上げてストンと落とすとみんなずっこけて起きるんですよね。消防が非常に重要なところですから、今でも伊豆諸島はですね警察署長よりも消防署長の方が偉いですよね。いろんな村の行事ごとに真先に挨拶をするのが消防署長ですね。それは余談ですけれども。一人前の資格を得るわけですからそのための条件として力石というものがあったり、あるいは私は生まれは長野県ですけれども、長野県の方で割合多いのは若者組の条件として田起こしとか田植え、田起こし田植えの場合にはだいたい7畝から1反。それから草蛙ですとだいたい平均しますと12足、そんなものが若者組入りの条件です。それから出来るか否かというのがその条件です。それによってつまり一人前の資格得る訳ですね。

また、新島からアフリカへ飛ぶのですけれど、今日プリントしたのはケニアの人の教育論です。ケニアの中心部あたりにケニア山と言う山がありまして、その山の周辺に住んでいる人達はキクユ民族とよんでおります。キクユ民族は農耕民です。この国で唯一っていってよいくらいの農耕民なんですが、キクユ民族では毎年、割礼（カツレイ）の儀式があります。現在でもあります。衛生上悪いと言われて禁止命令が出ているんですけれども、割礼の儀式が行われている。変な話なんですけれども割礼をやって、男性の性器を傷つけるわけですが、それに一番いい薬がトカゲの血なんだそうです。ですからこれは、伝説なんですけれども、割礼の儀式はだいたい12月にケニア山の周辺では行われるんですが、その頃になると周辺にはトカゲが出てこない、トカゲがみんな逃げちゃうという伝説があるんです。それから日本ではわりあいおなじみな民族でマサイ民族というのがございますね。牛飼いの民族です。どこかの写真では長い槍を持って歩いている絵がございますが、今は槍を持って歩くことは禁止命令が出まして、長い棒を持って歩いています。その牛飼い民族であるマサイ民族の人達はですね、割礼というのは４年に１度しかないんです。今年割礼の年だったとしますと、今年割礼を受けた人は次の割礼までは防衛階級つまり牛を守る、他民族から牛を守るための防衛階級でありまして、従って割礼を受けてから４年間は結婚をしてはいけない。

それからリフトバレーと言いますが、ウガンダの国境の近くに若干砂漠地帯がありましてそこにレンディーレ民族と言う人達がいるんですが、ここの人達はラクダで生計を得ている民族です。比較的少数民族ですけれども、そのレンディーレ民族では、14年にいっぺん割礼がある。14年にいっぺんしか割礼がないんですね。そうしますと例えば今年10歳の人が割礼の儀式を受けなかったとしますと、次の14年間は割礼の儀式はありませんので、24歳で割礼を受けることになりますね。そうしますとマサイ民族と同じように14年間は防衛階級でいなけりゃならない。防衛階級の内訳は結婚してはいけない。ですから 10 + 14 + 14。レンディーレ民族の平均寿命は 40 歳弱と言われておりますから、これは人口政策と言う事もあるんでしょうけど下手すると結婚出来なくて死んでいってしまう。

これは仮説でしかないんですけれども、いろんな民族の様態を聞いている中で、日本とか先程お話したキクユ民族の人達は農耕民族で毎年割礼がある。牛飼い民族のマサイ民族は４年に１度、レンディーレ民族はちょっと話が飛んだ感じにですが、牛が一人前になるのには４年はかからないんですけれども、ラクダが一人前になるというのは７、８年かかるそうなんです。その社会の生産構造というものと関係しているんではないかなあという感じを受けました。ただこの民族、それぞれの民族も割礼を受けるというのは日本も同じで一人前の資格を得ると言う事なんですね。

私は社会教育っていうか生涯学習の分野をやっている者なんですけれども、私の教育論の基本となっているのは、今日お配りしましたプリントの一枚目の紙です。上が原典ですけれども、この本がですね実は日本でもいくらもないんですね。東京でも大学では二つの大学にしかございません。なかなかないもんですから、ご参考のために掲げておきました。私の教育論、自分自身の教育論の基本は、ケニヤッタさんという人の教育論に大きく負っています。ケニヤッタさんって人はケニアで初代の大統領ですが、ケニアでケニヤッタですから日本で云えば日本太郎ですが、先程お話しましたキクユ民族の人なんです。キクユ民族と云うのは、最初にドイツに植民地化されます。これはアフリカだけではなくて南米でもそうなんですが、最初に植民地化されるというのはその国で一番いいところなんですね。ケニアで一番いいところがキクユ族の農耕民族のところなんです。ですからケニヤッタさんのいたところが一番最初に植民地化されるんです。男性は全部キパンダと云いまして、木で身分証明書をぶらさげて歩いていたんですね。少し前に南アフリカでアパルトヘイトが問題になりましたけれどもそれと同じような事がどの国でもありました。ケニヤッタさんも首から木の身分証明書をぶらさげて、キクユ民族の人達は白人のプランテーションの労働者として働いていくことになるんです。従いましてこのケニアの国で民族の独立運動が最初に起こるのはどこかいうと、最初に植民地化されたところ、これは当然だと思う。そのケニヤッタさんは極めて穏健な指導者でケニアの東アフリカでも唯一親米派の人でありますけれども、ケニヤッタさんは独立運動の首謀者でございました。牢にいれられるんですが、牢屋で書いたのがこのジョモン・ケニヤッタさんの『フェイシィングマウントケニヤ』という本でございます。“ケニヤ山の麓”という意味でございます。ケニヤッタさんは主にこの本ではキクユの風俗や習慣を描いておりますが、この第７章にあたる部分に少し教育論が書かれております。この私の一番好きな所下の訳の所で言いますとちょうど106頁に二カ所括弧をしてございますが、これは原文でも該当するところを括弧しておきました。これは私の自分自身の教育論の原点となっているところです。「ヨーロッパ人は人格の形成が最も重要であると言いながら、人格は周囲の人々との関係の中でのみ形成され、また事実それ以外の人格の形成される道はないと言う事を忘れているのである。」この人格というものはですね。教育という言葉に替えていただくとちょうどいいんじゃないかと思います。教育と言うのは周囲の人々との関係の中でのみ形成され、又事実それ以外に教育の形成される道はないと言う事なんです。ですからケニヤッタさんは、教育と言うのは正しい知識、正しいイデオロギーを教えるのではないと言っているんです。正しいイデオロギーや正しい知識を教えるのが教育ではなくて、教育というのは周囲の人々との関係の中でのみ形成される。それ以外に教育の形成される道はないんだという事ですね。これを要約すれば、「ヨーロッパ人にとっては個性が人生の理想であるが、アフリカ人にとっては他の人々との正しい関係と他の人々への正しい行いが人生の理想である。」この人生の理想であると言うのを教育に置換えていただきたいと思うのです。つまり教育と言うのは他の人々との正しい関係と他の人々への正しい行いこれが教育である。私はこれは教育論ではありませんけれども、いろんな教育論の中で一番感銘を受けたのは、私はケニヤッタさんのこの『ケニア山の麓』のここの部分でございます。

元に戻りまして先程その割礼を受けるというのが一人前だと申し上げましたけれども、それは年齢によるものでございまして、これは日本でもそうなんですが先程お話した若者入りをすませた者が一人前だとすれば、一人前だというのは近代以前においては平等の出発なんだと。これは財産の多い少ない身分の高い低い関係なく平等の出発なんだと。これは日本においてもアフリカにおいてもほぼ同じ事でございます。私はこの教育論にですねある場でぶつかったんですが、それはマサイ民族の元酋長マレアレさんって人に会いなさいと紹介状をいただきましてマレアレさんを尋ねて行きました。ここでは耳たぶを切りまして長くして長ければ長い程いいらしいんですね。マレアレさんはサクラカラーフィルムの箱がありますね。ピンク色のあれを二つ針金で巻いて歓迎の意味を示してくれました。私は部屋に、部屋っていっても部屋じゃないような部屋ですけれども、行きまして、端っこに座っていますと、むこうの部屋の隅っこで小ちゃい子が私の事をじっと見てましてですね。私もそんな美男子ではない。一生懸命見てましてですね。コーヒーのキリマンジャロを御馳走になりまして、おかわりをした。私の発音が悪かったせいか、うまいと聞こえたんでしょうか、おかわりを並々に注いでくれましてね、汗ダラダラ流して。後で僕の方をじっと見ているので、それはなぜかと聞きましたところ、ここではですね、要するにケニヤッタさんの教育論ですね。他者とどう向き合えるか、これがこの村落の中で人々から尊敬されるか否かのキーポイントなんですね。その子供は一生懸命に僕の事を睨んでいて、それは僕がコーヒーを飲めばおかわりをしたがっているかを見ていたんですね。あの子供はケニヤッタさんの子供だったのかなあと思って、非常に感激をしてマレアレさんの家を後にしたわけでございます。

もう一つ日本の近世の事で、一人前についてお話をしたいのですが、それは資料に「幽門性学」と書いておりますが、これは大原幽学の「性理学」と言う本で、人間の本性の学問ということです。大原幽学という人は村改革を唱えましてどういう社会をつくっていこうかという事を目標にしておりました。どんな事をしてきたかと言うと、一つは墓制改良これはお墓を同じ大きさにしました。それから先祖株組合というのは日本で最初のですね、あるいは世界で最初の共同出資、共同購入をいたしましたですから、幽学セレモニーだとか色んなものがまだ残っておりますが、皆で共同出資して共同購入とかいわば協同組合の前史が先祖株組合です。それから土地交換組合というのは、田畑と家を交換して、どういう社会かっていったら親族が固まるのではなくて違う世界で自分の家の前が田んぼになる。自分の家の後ろが畑になる。村を全部そういう風に変えていったんです。ですから私の田舎は長野県ですが、山でも畦道だらけなんですが、そういう畦道っていうのは殆どないんです。朝起きて戸を開けると自分の田んぼがどんなに生育しているか見えるんです。あるいは自分の所で用をたした大便小便もうまくすれば自分の田んぼに流れるんです。裏は畑なんです。そういう風に家も田んぼも全部交換したんですね。それからもう一つが替え子教育。大原幽学は一人前と言う事を二つの意味に使っておりまして、一つは替え子教育に出てくるんですが、大原幽学は、男性の一人前は15歳、女性の一人前は13歳と考えています。そうしますと男性は15歳までに二回家を親元を離れて違う家で育つようにするんです。女性は13歳までに二回、原則として一年ずつ二回なんですが必ずしもそうなっておりませんけれども、原則としては一年ずつ二回それぞれ一人前になるまでに他の家で育てる。逆に言うとどのお母さんも少なくとも二回は自分の子供を育てる。これが替え子教育っていいます。よく儒教のなかで、教育というのは随年強育といいますが、それが替え子教育の基本なんです。他人の子供に涙する。自分の子供よりも他人の子供に涙する。これが出来なきゃいけない。これは今、替え子教育論で残っているひらがなの難しい方の記録が残っているんですが、そのゑつさんという人はある日ですね、替え子教育で他人の子供を預かったんですね。寒い日に預かった子供が友達がいなくて一人で裏で遊んでいるんですね。その時にゑつさんはですね、夜になって夫にですね、預かった子が夜中になると寂しそうに遊んでいたと自分の子供もきっと寂しがっているんだろうなあと言う事を夫に話すんですが、夫はですね、お前は道友だろう、自分の子供よりも他人の子供に涙しなきゃいけない事ぐらい知ってるだろう、そんなこと忘れたのかということで叱られるんです。それはその場で終わるんですけれども、ある日もう一回ですねゑつさんが預かった子供が一人で遊んでいるのであまりに不憫だと、そうしますと夫はですねそういう替え子教育の規則が分からない女性はこれは道友として認められないということで離婚させられるんですね。その顛末が「ゑつ女の記」という本にのっかっているんです。大原幽学はですね、他人の子供に涙する事これが一人前である。年齢的に言いますと男は15歳、女は12歳ですけども、もう少し別な面で考えていくと大原幽学はつまり他者との関係で涙するそれが一人前だということをしきりに述べているわけです。

近世の一人前はですねとりあえず若者組と大原幽学の事をお話してみました。ちょっと時間がありますので近代のところをちょっと話をさせていただきます。近代のいわゆる一人前とは答えがない時代である。言い換えたら近代から今までは、一人前についての答えがない時代だと云えます。一人前とは先程言いましたように平等の出発であった。それはそういう考え方というのは通過儀礼の痕跡が残っていた。こういう間は若者を未来へ送り出す機能を果たしていたんでしょうけれども、そういう機能がなくなってきた。そして、そのところはそれは当たっているかどうかは色んな議論があるところですから、つまり共同体っていうものが近代以降あるのかどうかの議論は、私もよく分かりませんけれども。いわば共同体的なものが壊れていく、崩壊していく、その中に通過儀礼の薄れていく部分も入ってくるでしょう。それからもう一つは教育制度というものが整備されればされるほど特に中等教育ですね。大人っていう概念が無限に入ってきますし、同時に青年期てものが近代に入ってはじめて現れてきます。近世には青年期がありませんから、これは教育制度が整備されたからだろうと思います。そういう状況の中にありますので近代においては一人前というものを平等の出発点ではなくなってきた。私は1970年代にちょうど中国で一人前とは何かという調査をしようと思ったんですけれどもなかなか当時は厳しくて上手く出来なかったんですが、その時に大学生に一人前とは何かというで書いてもらいました。そこではですねどんな答えが出てきたかというと、あっ中国ではほんの少しだけシーサンバンダへ行く途中少しだけ行かれたんですけれども、若干大げさにいうとその当時1970年、まだ3年だったと思うんですけれども一人前とは何かの答え、まだ100パーセント近くが毛沢東思想でした。毛沢東思想を身に付けるというのが中国の若者の一人前ということでした。そのころの早稲田の学生の答えというのはだいたい四つくらいに分類出来ました。一つは職業に就くということでした。二つ目は自立的行動がとれるということ。それから三つ目が結婚するということ。それからもう一つが責任能力があるということ。色々ありまして例えば職業に対する誇りであるとか、身体発達、知的な発達であるとかあるいは虚像と言いますか虚像を描かないで現実を見る目があるか。色んな事がございましたが、およそですね職業とか結婚とかあるいは自立これは経済的な自立精神的な自立、責任能力そんなところにほぼ集約されるんじゃないかなと思います。そんな時にですね私はある新聞のコラムでこんな記事を見ました。それはある青年がですね。ちょうど今の成人式は実際15日じゃなくてちょっとかわりましたが、15日の成人式の終わり頃だったと思うんですけれども、ある青年が新聞にこんなことを言っているんですね。一人前とは何かと言う事を考えてみた。自分が成人式にちょうどなにか考えてみた。そのきっかけは高校の時にですね、高校の先生からレポートで一人前とは何かを書いてこいと言われた。みんなで書いたんです。その青年の書いたものではですね。私がさっき言ったのとほとんど同じなんですね。みんな書いたのは経済的な自立とか結婚するとか職に就くとかそう言う事がほとんどだったんです。自分もそう書いたんです。ところが高校を卒業して今自分が仕事についてちょうど20歳になって成人式を迎えたので改めて考えてみると、結論の段のところだけお話いたしますと、《重いものと軽いものがあった時に率先して重いものを持つ》これが自分の一人前だというんですね。私は新聞社に問い合わせて急いでその青年に会いにいきました。とても嬉しかったんですけれども。《重いものと軽いものがあった時に率先して重いものを持つ》これが僕の一人前だというんですね。ある農村のガラス工場に勤めている人でございました。実はですね。それより少し前に今の相撲の理事長、北の湖という方がいますね。太々しい奴。奴と云っちゃいけないけど思いっきり強くて輪島と二横綱時代、相手を倒しても土俵の外に飛び出しても決して手を出さなかった。全身ポストみたいにくびれもない、太々しい奴であんまり好きじゃなかったんです。しかし、その人が結婚式の時にですねなんて言ったかというと、俺って言ったのかわしって言ったのか記憶にないんですけども、《これから重いものは俺が持つ》って言ったんですね。私は急に北の湖が好きになりましてね。北の湖の相撲の解説とかを見ると素晴らしいですね。やっぱし根は単純かなと思うんですが、このガラス工の話にしても私は、これこそがさっきお読みした所で言いますと他者との関係、教育と言うのは他人との正しい行い、他者との関係って言うところを的確に描いたのが、ガラス工の重いものと軽いものがあった時に率先して重いものを持つ。こういう事になっているんではないか。私はケニヤッタさんの考え方そして大原幽学の考え方、あるいはガラス工の考え方、このような共通のお互いに刺激しあうという感じとして今受け止めている感じでございます。そういう意味で私は一人前というものの意味として、現在教育の現場の先生方のまた後で話していただけると思うのですが、横よりは縦の関係の方が強いのではないだろうか。もっと横の関係、他者との関係、もう少し言いますと私は教育と言うのはよくある依存から自立へと教育学では書いておりますが、私は依存から自立ではない。出来れば依存の教育学みたいなものも書いてみたいなと思っているんですけれども。一人前というものを考えながら私は他者との関係あるいは依存の大切さを感じるわけでございますし、もう一つはこの一人前というのはある世代ごとの考え方で今日の教育、生涯教育やなんかの一つの場としては、私は世代教育だろうと思うんですけれども。ただ残念ながら日本人は世代教育というのはものというのはあまりないんではないのだろうか。世代教育と言う事をもう一度考えていく必要があるんじゃないのかな。そんな事が一人前、近代以前以後、まったく概略でしかございませんけれども私の一人前としての考え方というのは他者との関係依存を考えている、世代教育を考えているそのことの一つがきっかけになれば幸いだろうと思っていますし、また、後のフォーラムのほうに繋がって行けば幸いだというふうに感じております。大変たわいもない話で恐縮でございましたけれどもとりあえず前座のつとめを終わらさせていただきます。ご静聴ありがとうございました。

フォーラム若州良民伝に学ぶ

パネリスト
大槻　宏樹
多田　仁一
築山　　桂
中島　辰男
前川　正名
司　　会
多仁　照廣

司会　それでは只今よりフォーラム若州良民伝に学ぶを始めたいと思います。よろしくお願いいいたします。

多仁　敦賀短大の多仁です。今回の若狭路文化研究会第２回若州良民伝に学ぶというタイトルで行いたいと思います。今大槻先生の基調講演で一人前、近代以前以降と言う事でお話を承ったわけですが、このお話を承ったところで４人のパネリストの方にそれぞれの思いを語っていただいて、そこからもう少し議論を深めて、最後に大槻先生にまたコメントをお願いをするというようなかたちで進めて行きたいと思っております。簡単にパネリストの方々のご紹介をいたしますと、一番左から多田仁一先生でございます。東京都立拝島高等学校（現在、上水高校）で教諭をされています。多田先生は、私が代表をして東京の多摩地方の研究をしております多摩川流域史研究会の古くからのメンバーでございます。また都立高等学校に長く奉職をされまして、特に生活指導を熱心にされて、少し体調を崩されたということもありまして、私からも強く勧めまして上越教育大学の大学院に行って研究をした方がいいんじゃないかと言うことで上越教育大学に入学をいたしましてそこでまとめたのがその多摩川流域史研究会で共同研究の際に取組まれた地方誹諧の研究と高校教師としての経験を生かした『在村文化と学校教育』をまとめておられます。現場の教師の考え方と言うのはなかなか表に出てこないんですが赤裸々且つ的確に表現をされていると思います。宜しくお願いをしたいと思います。次に築山桂先生ですが、歴史小説などで皆さんご承知の方が多いと思いますが、改めてご紹介いたします。もともと大阪大学で、江戸時代の出版について研究をされておりました。そう言った観点から若州良民伝を出版という観点から今日は主にご発言をいただく予定でございます。中島辰男先生は皆さん十分ご承知の通りですけれども、長年福井県立若狭歴史民俗資料館の館長としてご活躍でございました。それ以前は青年団でもご活躍でございまして、私は青年団の方で先におつきあいさせていただいております。大変明瞭な考え方をお持ちでございますので、かなり手厳しい意見も出ると思いますけれども宜しくお願いいたしたいと思います。続いて前川先生ですけれども大阪大学の大学院で助手代理（当時、現助）として漢学の研究をされています。会場にお見えですけれども、漢文学の前福井大学前川教授のご子息でございます。福井大学の前川先生は、福井工専の時代、敦賀短大でも教鞭をとっていただきました。親子二代にわたって漢学を研究されております。そうした観点から今日は少し私の方から難しいことをお願いしております。実はその課題というのは、大槻先生の教育論に直結する様な課題と直結すると思いますので宜しくお願いしたいと思います。

それでは最初に多田先生の方から一つご自分のお考えをですね、ご経験を踏まえてご発言いただきたいと思います。多田先生宜しくお願いいたします。

多田　多田仁一と申します。本日はお招き頂き有り難うございます。微力ではありますが、教員として現場で考えてきましたことを中心に少しお話させて頂きます。的はずれなどがありましたらどうぞお許し下さい。宜しくお願いいたします。

只今、多仁先生の方からお話がありましたけれども二つの観点からお話をさせていただきたいと思います。一つは先般出版されました若州良民伝を読ませていただいてどういう風に感じているかということと、もう一つは私の直接関わっている現代教育との関係と言いましょうか接点についてお話をさせていただきたいと思います。

まず、『若州良民伝』の読後感からお話させて頂きます。この『若州良民伝』の版が刷られました江戸時代18世紀後半の宝暦から天明期（1750年代～80年代）は、全国の商品生産や商品流通が拡大し、経済や社会構造が変化し、それまでの安定した人間相互の繋がりが変貌して社会が大きく動揺する時代であったかと思いますが、そんな不安定な時代に、民衆把握とその安定を図るために、小浜藩が社会政策の一環として庶民教化を目的に作成した優れたテキストがこの『若州良民伝』だと思います。『若州良民伝』は、この時代の規範の中心であった儒教に依拠し、民衆の生活のよきモデルとして、儒教規範に合致する事例を72件も示し、しかも民衆に常時接触する在方担当の藩士らの記録などを精査したもので、そこには、社会の安定と人びとの生活の継続を図る責務を担っていた藩当局の責任ある為政者としての姿勢を読みとることが出来る一方、経済や社会が大きく変化して行く中にあって、動揺する社会を困惑の目で見ていた様相も推察することができます。私が特に、『若州良民伝』の中で、注目するところは、「高資達」による「序」の「而して風を移し俗を易ふ」という『詩経』の「大序」にある文です。これは「上の教えを下に移し、下の習わしを変える、の意。」ですが、これと同じことを、私のフィールドでもあります東京都町田市旧・小山田村出身の国学者・小山田与清も言っています。小山田は、農民出身の学者で、村落の人びとの生活にも通じており、積極的に村人へ文化を伝えようとした人物でありました。小山田は、挿花、茶、誹諧などの文化を農民などに教示する理由を「民を軌物にいるゝひとつの教の端」、人びとを規範・法律というものに導く手段が挿花などであると言っています。これは、挿花に関する『允中挿花鏡』（天保12年刊行）の「序」でのべていますが、これらの例から、当時、村落において村人に常時接しつつ、文化を受容した文人や村落指導者は、土俗的な世界に生きる民衆に働きかけ、こうした民衆との交流や緊張のなかで、民衆へ影響力を与えることのできる鍛えられた文化を形成したものと考えられます。特にこうした文化は村落において形成されたであろうと考えられることから、私は、そうした文化のありようを在村文化と呼んでいますが、『若州良民伝』の持つ文化的な役割は、まさに在村文化におけるそれと同様であり、改めて在村文化への儒教の影響を強く感じています。次に、現代教育問題との関係をお話させて頂きます。本日お招き頂きました若狭路文化研究会・会長の金田先生は、『若州良民伝』の「発刊にむけて」の中で、発刊の契機を「現今のモラルの退廃を憂えられた岡田前副会長のたっての提案」と記されました。また、その発刊の意義についても、「地域共同体や家庭の崩壊が叫ばれるなかにあって、（中略）日本人としての基層的な精神文化を見直す」とも記されていますが、社会や文化の行き詰まりに関連して教育問題という観点から、学校現場との関連でお話しておきたいと思います。個人的なことで恐縮ですが、私は都立高校の教員として、夜間定時制に 9 年、コース制高校に 8 年、多くの課題を抱えているとされている高校に 6 年の計 23 年の教員生活を送り、主に生活指導という点に焦点を当てた指導を続けて参りましたので、このような学校教員としての観点からお話させて頂きたいと思います。現在多くの学校で、学校問題の象徴として苦慮しているのが、いわゆる「生活指導」上の問題への対応であると思います。近年では、高校や中学校ばかりではなく、小学校低学年においても「学級崩壊」が見られることが知られるようになり、「生活指導」上の問題は学校が抱える一般的な問題として認識されるようになっています。「生活指導」上の問題とは、学校内外でのさまざまな逸脱行為を言いますが、近年では児童や生徒が他の同年の児童・生徒を殺害したり、学校において指導中の教師を生徒が殺害するなどの行為までも見られるようになり、中には、校内が一般街路のようになった学校も見受けられます。こうした状況について、教育学研究の中には、生徒による犯罪は増加しているのではなく減少しているとして、児童、生徒の状況が悪化していると言う認識は、マスコミなどがセンセーショナルに報道したことによって形成された幻であり、もっと冷静に対応すべきだとの指摘もあります。しかし、現場にいる認識からすると、学校で見られる生徒の状況は年々厳しい状況になっているというのが実感です。このような「生活指導」上の問題が起こった場合、教師や学校は、ある種の「規範」や「校則」を以て対処・指導するのですが、そのような時に、私などもそう感じるのですが、担当となった教員は、戦場に取り残された兵士のように、いつも著しい孤立感と不安感に襲われます。私は、当初その理由が分からなかったのですが、教師生活を何年か経て、次のように認識するようになりました。それは、生徒を叱り、指導する「規範」は、私だけがそのように考えているのであり他はそのようには考えていないのではないか、「校則」はその学校だけがそのように考えているだけであり、他には組織としてそのように考えているところはないのではないか、という、我々を支えているものは何もない、という思いと、現実です。事実、その「規範」を認めない指導対象生徒と対抗することは日常茶飯事で、保護者も、そうした「規範」を認めず「校則」ですら法律に違反しているというような反論が度々され、法律には馴染みにくい指導上の問題を法律という外形の形式論によって対応・対抗しようとする傾向が年々強くなっています。このために、いま訴訟保険に任意で入ることが教育行政から教師に要請されています。また、教育行政担当者からも、「規範」や「校則」を変更することを求められる場合も少なくありません。このように、現在、学校現場は孤立した状況に追詰められています。では、何故こんな状況になり、放置されたまま状況が悪化して、学校教育が、特に公教育が厳しい状況になっているのでしょうか。私は、教師や学校の背景にある、支えとなっているものに欠けているものがあるからではないかと思っています。我々教師が支えとして依拠していると思っているのは、近代的な法律ですが、それは、「民主主義的」なもの、「権利」というようなもの、「人権」というようなものを大切にしようというものでしょうが、これらはみな、戦後民主主義的な価値規範や、更には、近代的な価値規範です。しかし、これだけでは、対応仕切れない状況が、「生活指導」上の問題への対応には見られるのではないかと思っています。

教師として生徒を叱り、指導しなければならない時、1953年（昭和28）生まれの私が教師となって間もない折には、自分自身の児童、生徒時代に受容してきた「戦後民主主義」的なスタンスでは対応が難しく、そのような問題が存在することにすら躊躇し、どうも「権利」や「人権」というようなものでは、腹に落ちた指導ができなかったのですが、そのうち経験を重ねて行くと徐々に、それまで古いと思えるような「規範」で指導すると、すんなりと行くという思いがありましたが、そうした「市井」の中に当時まだ残っていた「規範」のようなものを今一度想起すべき時ではないかと思います。それでは、そうした「規範」とはどのようなものなのでしょうか。元来「規範」は、独自な文化の中で育まれ形成されるものだと考えるのですが、日本の近代制度としての学校においては、自主的な文化やそれによる規範を背景とすることがあったのかどうかということに疑問があります。私達の近代は、一方的に西欧という近代の文化に準拠することを目標にし、自らの文化のありようを変えて来た。また、それら西欧やアメリカの文化を目標とするとはいうものの、いずれも想像の西欧やアメリカで、その間に、市井に残存していた旧来の文化、「規範」は、いま漸く消滅しようとしているのではないでしょうか。教師も、学校も、大人も親も、教育委員会も文部科学省も、児童、生徒に「規範」をこうだと、示せないのは、そのような点に問題点があるからではないでしょうか。児童、生徒は、その意味では、何等モデルとなる「規範」を示されず、ただ自分で、自分のことは決めなさい、という極めて無責任な状況に放置されているのが現状でしょう。今日、社会に責任を負う政治すら、何も示さない恐ろしさがあると思います。現在の、「民主主義」等の制度は、歴史の流れからこれからも続けていくことになるでしょうが、近代以前にあったと考えれる、土俗的（習俗）な面に注目し、先にも触れましたように、私は、土俗との交流の中で形成された文化を在村文化と呼びますが、そうした文化のありようやそれによって形成される規範に注目する必要があると思います。そして、その文化と規範の中心には、地域の中で文人や指導者に受容された儒教があったと考えるのですが、まさに『若州良民伝』はそのようなものとして、地域の指導者に活用されたものであったのでしょう。このため、『若州良民伝』は、現代的な教育問題を検討する際に注目される史料の一つであり、今後、もう一つの文化、もう一つの「規範」を考える、素材として、また、これを村々でいかに使用していたのかという実態が具体的に解明されることによって、その意義がより明らかになるのではないかと、期待を持って今後見守りたいと思います。

多仁　ありがとうございました。会場からのご質問等は後ほど承りますので、続いてパネリストの方にご発言願いたいと思います。それでは築山先生お願いいたします。

築山　はい築山と申します。どうぞ宜しくお願いいたします。まず私も個人的な若州良民伝を読んでの感想を述べさせていただきます。まず初めにタイトルを見まして、江戸時代の良民の物語であるそれを読もうと思った時に、私にはあまりいいイメージがなく、と申しますのは、やはり女性としては、しかもこういう比較的自由な時代に育ってきた女性としては、江戸時代の女性の良民イメージというのはあまりいいものがございませんで、いわゆる儒教的モデルと申しましょうか、私が読んでも楽しくないんではないか、あるいはもう極端に言えば腹の立つような女性像が描かれているのではないかと、そう言うようなイメージで読みはじめました。こういうことを、いきなり言って申し訳ないんですけれども。しかし、実際に読んでみますと女性男性と意識する以前に、当時の庶民の苦労しながらもいきいきと過ごしている生活と言うのが書かれていまして、何よりもたくましさ、したたかさの様なものを感じ、逆にあまり良民と言うようなイメージばかりではないものを感じました。良民伝ですので確かに立派な人たちの事が書いてあるんですけれども、それと同時に立派でない人の事も色々脇役として書かれています。例えば私が印象に残りましたのは、いくつもおもしろい事例が載っているなかの、ある女性の話です。姑に仕えて偉いと書かれているんですけれども、その姑さんの具体例としまして、若い頃に江戸に働きに行っていたので、江戸の話を朝から晩までしていて、退屈になって周りの人は誰も聞かない、けれどもそのお嫁さんは聞いていていい人である、という様な事が書いてあります。これを読んでお嫁さん確かに偉いなと思うのと同時に、この作者のその同じ話をしているという姑さんに対するちょっと愛情を持った様な目線と申しましょうか、そう言う人も確かに周りから見たらちょっと大変かもしれないけれども温かな目で見ているという時代の雰囲気が窺えるところがありまして、そういう江戸時代の生活の読み物として私は楽しみましたし、良民という枠にこだわらずに楽しめる読み物なのではないかなと思います。それが感想です。歴史的に出版という面から考察してまいりますと、江戸時代、出版文化が社会に根付きまして、庶民の中にも広がり、一般の庶民が読書をするのが日常になった画期的な時代になったわけです。ですが、権力の側から見ますとやはり出版物の普及というのは必ずしも歓迎出来るものではないという側面がありました。この若州良民伝も序文などにとにかく出版という形で残すんだという事が強調されておりますけれども、残すという事とはどういう事か、さらに、広げるという事も重きを置かれていたことではないかと思います。それまでの書物が写本であまり広がらないものだったのにくらべ、江戸時代の書物は広がるものになってきまして、権力にとってそれは必ずしも歓迎出来る事態ではありません。それで幕府は享保年間に出版統制令という基本的な法令を出しましてそれは以後幕末までずっと続いております。江戸時代の出版というのは大体元禄文化の頃に上方で盛んになりまして、以降、版元の本屋があり、取次ぎ小売を行う本屋もあり、それから印刷所の様な版木屋があり、業界としての出版業が出来ていきます。やはり業界としては新しいものですので何かあると取締がかかる。事件があるとそれを出版物にして出さないようにという様なお触れが出されたり、あるいはその出された出版物が禁書絶版になって回収の処分が出たりと言う事がしばしばあります。私は現在でいうインターネットの様な側面があるんじゃないかと思っています。新しい情報というものに対して庶民も権力もそうですし、社会全体がどう対応していいか分からない側面がある、それが江戸時代の出版だったと私は思ってます。そんな時代においてあえて権力の側が出版という形で残そうとしたものがこの若州良民伝にあったということは興味深いと私は思います。権力としてこの新しいジャンルのメディアを取入れていこう、これを利用しようという新しい取組みがなされ、それがどれだけ実際に庶民に広がったか、先ほど伺ったところでは部数が多くなかったんじゃないかという話でしたので、それほど広がっていないのかも知れないんですけども、少なくても現代に残すと言う意味での使命は果たしておりますし、出版をした事によって、その新しいメディアを小浜若狭の地元に残したという点で意義のある取組みになったのではないかと思っております。

多仁　ありがとうございます。それでは続きまして中島先生お願いいたします。

中島　簗山先生から江戸時代のご本の出版というのは今のITだというお話がありまして、私も本当にそうだなと感じています。若州良民伝というこの本は、今、簗山先生が言われましたようにこの本の序文の中にも作る理由が載っております。この本は今から236年前ぐらいに京都で出版されておるんですが、この時代の小浜藩の殿様というのは第7代の酒井忠用という殿さんでありまして、これは約18年ぐらい殿さんの在任がございまして、まだ若かったんですが弟がいるので、その方に城主の地位を譲ったら、5年後に亡くなりまして、次に第9代の忠貫という殿様は忠用の実子で殿さんになられたという方でして、その忠貫という殿さんの時にこの若州良民伝というのは発刊されておるんです。発刊されるのが安永9年ですけれどもそのお父さんの第7代の忠用さんというのは安永4年に亡くなってますが、藩主隠居後、江戸へは一時も帰られずそして小浜で亡くなるんですが、息子の第9代忠貫も同じ小浜で亡くなるのです。忠貫は小浜藩の12代の殿さんのうち44年間殿さんをやっておりまして一番長い殿さんで、その間私が調べただけでは38回ぐらい、江戸へ行ったり帰ったり参勤交代をしておる殿さんでございます。そんなことで、大変親父の忠用の指導を受けて忠貫は40有余年にわたるこの藩主としての仕事を担った。そのお父さんの7代と途中に8代もおることはおるんですけど、その9代の忠貫、忠用と忠貫の時代はですね小浜藩の文化のレベルが高いといいますか、今で言いますと言われるようにITという先端的な部分ですね。ようするに庶民の模範になる良民というものを抽出しましてですね、それを一冊の本にまとめたと、序文で発表されておるのですね、いってみればこの功績調査のような本を私もさらっと読みまして感じたんですけれども、京都で刷っておりますから、先程も控え室で何部くらい刷ったのかなと、どの方面に配ったのかなということを話しとったんですけれども、どうもまだその辺のところは今の段階ではよくわかりません、今後また分かっていくかも分かりませんけれども。そう言う点でですね、一言にいいますと人倫の道ですから封建時代であろうとどういう時代であろうと、人としての間違わない道。人には優しく自分には厳しくということで自ら規制した。特にこの本に登場する60人の中で女性が15人くらい登場しておりますので、女性の方々が本当に姑に仕え、夫に仕えですね、自分はもう本当に貧しいものを食べて親を大事にするという涙ぐましいようなことがたくさんこの中に載っておるんですが、ただこの中に一点だけ私が知る範囲の中で明治時代に小学校の修身の教科書に載っている「角左衛門の娘綱」という項目がありまして、これはですね小浜方面、嶺南全体にとってはよく皆さん知っておられるのでありまして、どんな文面でこの小学校の教科書に出たのか興味深く見てみますと、『召使い』と言うタイトルでですね、「お綱は15歳のとき子守り奉公に出ました。ある日主人の子供をおぶって遊んでいると一匹の犬がきてお綱に噛み付きました。お綱は驚いて逃げようとしましたが逃げる隙がなかったので、おぶっていた子供を下ろし自分がその上にうつ伏せになって子供を庇いました。犬は激しく飛びかかってお綱に次々多くの傷を負わせましたが、お綱は子供を庇って少しも動きませんでした。そのうち人々が駆けつけて犬を撃殺しお綱を介抱して主人の家に帰させました。子供には怪我はなかったが、お綱の傷は大変重くそのためにとうとう死にました。これを聞いた人々は感心してお綱のために石碑を建てました。」こういう様な文章でして小学校のこれはですね修身の教科書の第４段ですので４年生に習ったんではないかと思うわけでございます。お綱がですね犬に噛まれたのが６月11日でございまして新暦の７月３日なんですね。７月３日が命日ですので私が卒業いたしました西津小学校の校下、なんですねこの小松原というのは。そう言う事でですねずっと西津小学校や、西津地区は綱の顕彰会というのがありまして、今でも毎年この綱の命日には小学校の子供も参列してお綱の顕彰祭を営んでおるということです。当時その綱が亡くなりますと藩主酒井忠貫からすぐに村に命じて「忠烈綱」という碑を造らせまして、その裏に碑文があるんですけどもそれはちょうど小浜藩校の順造館が出来たころですね。その順造館の教授小野鶴山が碑文を書いている。ということで私も昨日参ってですね、碑文を見てきましたけども、拓本でもとらないとちょっと今我々に読めない。そういう碑がずっとですねもう二百何十年小浜の西津にあります。以前に有名な松木庄吉という大飯町の彫刻家がおられまして、昭和17年に松本さんが子供を抱いて、犬を睨んでいる子供と綱との石像が西津小学校にちゃんとありまして、彫られたお綱の碑は遭難のその場所にあるわけです。そんな形でお綱は小浜では言い伝えておりますけども、現代まで連綿としてお綱のそのまあ私は後に召使いというタイトルはなくなったのですけれども、瞬間的に背中の子を前に抱いて自分を盾にして子供を守ったと言う事がですね、単に主人とその子供を大事にするという様なことの単純な忠義ではなく、母性愛というか女性の愛というかとっさの判断というものが、素晴らしいものだったと言う事ですね。特に主人の家に帰ってまっ先に、「子供は無事か」と聞いたというんです。子供は２歳だったそうで、その子供が後に大きくなって64歳で死ぬんですけども、その人は自分がお綱のお陰で一生はこれで助かったと。で自分が死んだ後はお綱の傍らに骨を埋めてくれという事をはっきり息子に遺言しとるんですね。ところがお綱の墓は、殿様がつくったのでそんなとこへ骨をいれてくれるのは恐れ多いと、だから骨をこそっと入れてからそれから世間に内緒にしてくれと言うて死んだんです。そういう助けられた人の子供がそれをずっと綿々と書いた遺言も残っておりまして胸を打つ行為であると思っております。今の時代は先程ちょっと事務所で話しましたが毎日私の耳目の中へ入ってきていますマスメディアは、これでもかあれでもかという程混沌として良民伝とは正反対のような記事がどんどんどんどん出てまいりまして、一体こういう良民伝を我々は今後共訴えていくにはどうするかという、大変な重い問題でありまして、修身の教科書てなものは皆さんあまりこのまれない物で、なかなか親しみにくいというのが一般的でありまして、やはりこの頃の週刊誌とかおもしろおかしいものに我々は取り付きやすい。やはりせっかく先祖が若狭の庶民の模範になる人の業績を書かなければ庶民が忘れてしまうとだからこれを残している。これを参考にして学んでほしいと言う事がこの本を作る理由だと書いていますし、最後の跋を書いておりますのも西依景翼という人が書いていますけれど、この方も順造館の教授ですので当時の一流の学者ですね。この本が出た時代と言うのはちょうど1770年代から80年代というのは有名な杉田玄白、中川淳庵が解体新書を発刊した頃、小浜藩230年の歴史の中でも文化のレベルの極めて高い、恐らく藩が経費を出してそうとうの部数を作っている、京都でつくっておるわけですからそれが証拠に全国的にどの程度こうした出版をしている藩があるか知りませんけれども、多仁先生の解説では、3藩か4藩程度でありまして、当時全国に260の藩があったわけですからその中で大きいと言えない小浜藩が、こういうものを当時の先端のものを作って配っていると言う事はこの地方の文化の高さ、文化がいかに高かったかと言う事を証明するのが、私は若州良民伝ではないかと言う事でございます。ただ大変読むのが難しいので、原本を見ても我々現代人は仲々読めませんので、今回このように読みやすいようにして後々人に読んでいただくと言う事が大変意義があるんではないかなというふうに考えております。

多仁　ありがとうございました。多田さんそして簗山さん中島さんお話をいただいたわけですが、今まで江戸時代そして藩、地方文化という観点からお話をいただいたんですが、ちょっともう少し視野を広げまして、この若州良民伝を生み出す背景とか儒教思想というようなところを踏まえまして前川先生ひとつ宜しくお願いいたします。

前川　漢文の専門の前川です。よろしくお願い申し上げます。まず最初にこの『若州良民伝』題名だけ見た時に最初はそのいわゆる『孝子伝』ですよね。孝の子の『孝子伝』の類いだと思って開けてみたらどうであったかということなんですが、序ではこう強調するわけですよね。貧しい人が父母に仕えている事を表していると、ああやっぱりか、と思ってそのまま本文を読んでいくと、これは孝だけはないんですよね。例えば主人に仕えている忠であるとか、義理人情の義であるとかあるいは慈愛の慈であるとかそういう学術的な用語になりますけれども、そういう事例に属するものを多数収録しておりまして、例えば巻之三の敦賀港の金持ちが災害が起きた時にみんなに振舞うために義援金を出し合ったという事例であるとか、あるいは巻之一では11例の話が残されているんですが、そのうち6例が飢餓の時に、その彦左ェ門とかあるいは五郎右ェ門という人物が、自分の財産を投げうってその義援物資を自前で調達して出していくというような、そういう必ずしも孝ではない、むしろ義であると言うような事が収録されているわけなんです。じゃあその義はなんだろうかといって見ますと、あまり細かい事を言っても仕方ありませんが大きく二つだけ分けてみますと、一つは忠義の義ですよね。もう一つは義理人情の義なんです。忠義の義はその前に忠がありますから分かりやすいですよね。縦の関係ですとね、主人であるとかそういう忠義。もう一つは義理人情、おごったらおごり返すとかいわゆる横の関係になってきますよね。じゃあ日本ではどうなんだろう。最近は仁だとか義だとかというと特定の職業の人を想像しがちですけれども、それでもいわゆる義理人情ですよね。そちらの方おそらくは皆さんも義と聞いた時に何を思いうかべるかとなるとそちらの方が近いと思うんですね。つまり日本では横なんですよね。それに対して中国では縦の関係もある。というかむしろ縦の関係の方が強かったりするんですよ。先程出ました様に忠義の忠を比べてみましても、例えば日本では滅私奉公という言葉があるとおり、とにかく主君に仕えている、その主君が良いのか悪いのかはとりあえず関係ない。とにかく仕える。それが日本の忠なんです。中国の忠はどうかというと、例えばこれは『孟子』という漢籍の中に出てくる文言なんですけれども、ある一定の身分という前提条件はあるんですけれども、愚かな君主であったならばその君主を取り替えてしまえ。と言ってしまうんです。明確に言ってしまいます。もちろんその取り替えられるというのはその君子の親族に限られ、非常に高い地位にいる家来のみにみられるわけなんですけれども。いずれにしても君主が愚か者であれば俺が殿様になってしまうという感覚は恐らく日本では生まれてこないですよね。じゃあもう一つ聞いていきますと、例えば私が最初に間違えて『孝子伝』じゃないのかなと思ったように、日本と中国の孝の違いについて述べていきますと、とある先生は「日本には孝はないんだ。」という風に言った事があるんですよね。もちろんこれは奇をてらっておっしゃた言葉だと思うんですよ。先生の言葉はあながち根拠がないわけではありませんでして、例えばその孝の対概念は何だということなりますと先程言いました忠なんです。この忠、一般に「ちゅう」と言ってそのまま読んでますし皆さん忠でだいたい理解出来ると思いますけれども、これ「まごころ」と言う場合があります。では、孝はどうなんだと言うと、そういうルビをふられる事はまずないんですよ。というかほとんどないんです。あくまで孝は「こう」と読むほうが多いんです。一生懸命探しましたら一つ見つかりました。「おやをおもうこころ」というルビをふってるんですね。ですからこれどうなるか。例えば「父母には孝をもってつかう」という文章になると、「父母には親を思う心をもちてつかう」なんとも据わりの悪い読み方なんですよね。普通はちょっと読めません。話を変えますと、じゃあ孝って聞いた時に日本人は何を思うかと言いますと、まず例外なく親孝行というのを恐らく想像すると思うんです。さっき紹介しました孝という字のくどい読み方そのものなんですよね。親孝行も孝の字を使ってますからまぎれもなく孝の一種なんですけれども、親孝行を文字どおりの意味にとっていきますとこれは結局親に対する孝の行いという意味になりますから、これ変な話なんですが親に対してわざわざ言っているということは、親以外のものに対する孝というものもあるんだということなんです。しかしながら、日本で孝と言われればまず親孝行以外の何者でもない。『若州良民伝』を見ましても姑などのいわゆる義理の父親や義理の母親、あるいは養子に出された子供がその継母で継父に仕えている。やはり父だったり母でしかないんです。じゃあ中国を見てみるとどうかというと、ちょっと近代化が進みすぎまして現代の中国は比較しにくいですから、古い時代の中国の孝を見てみますと、別の解釈をいたしますと孝という行いをする対象は親だけではないんです。親だけではないと言いましてもやはり生きて目の前に存在していますから、親に対する孝行が行動が一番やはり多くなるんです。それは必然的に多くなるんですけれども、親だけではありませんでして、上の世代あるいはおじいちゃんおばあちゃんであったり、ひいおじいちゃんひいおばあちゃんであったり、ここまで生きていますから感覚的にまだわかるかもしれませんが、もうすでに亡くなられている先代、先先代、先先代の祖先とか十代前二十代前の祖先まで含めて孝の対象としてみなしております。親は生きているから贅沢させる、早い話がこうなんですよ。なんかしてほしいと言われたらなんかしてあげて我が儘に全部つき合ってあげるのが基本的には孝になるんですが、祖先は生きておりませんからどうするかというと、結局祭るんです。お祭りをする事が孝なんです。だから逆にお祭りをしなかったら不孝になってしまうんです。だから変な話なんですが祭りが出来なくなる事つまり子孫が絶えてしまうと言うのは非常に不孝な行いだと理解されているわけなんです。だから次の世代の先祖供養する、子供を作る事も孝という意味で意識されているわけなんですね。孫の顔を親に見せる事は日本でも恐らく孝行だ、という人は五万といると思うんですよ。日本だってあるよそんなことって。でもこれは理由がちょっと違うんですよね。結局これは親が喜ぶから孝だといっているわけであって、法事の次期主催者を作ったからあいつは孝行息子だとは誰も恐らくは思っていない。というか。その法事を具体的な孝だと思ってやっている人は恐らくいないと思うんですね。俺は立派な法事を主催した。だから俺は孝行息子だ。どう考えても、それをもし言ったら変な奴ですよね。墓を守るという考えがやはり日本にもあるんですが、これは日本人が孝として意識しているんではないと思うんです。恐らくは社会的な責任感だったり、あるいは宗教的な感情の方が先にくると思うんですよ。親を祭ることに孝というものを感じる事はあるかもしれませんけども、それは結局直系の親で自分が顔を見ているから。あるいはおじいちゃんにもあるかもしれないけれども、自分が見ているからであってその見た事もない人を祭ることを孝だと思っている日本人はまず恐らくはいないと思うんですね。結局孝だけでもなんでもそうなんですけれども、日本における孝なんてまず親以外にはなくて、中国では直系の親への行為だけでなく広く祖先全般もその対象にいれている。その辺にちょっと違いがあって少し専門的な言葉を使うと、いわゆる親孝行しなさいよ。という礼教的な側面と、あともう一つ、祖先を守るといった宗教的な部分を両方包括している。じゃあ再び『若州良民伝』にかえりますと、『若州良民伝』ってのは忠にせよ孝にせよ広く善行をおさめましたという通り。そういう事なんですよ。いい話を載せているんですけれども、その規範という面から捉えていくとどうなるかというと、儒教的な倫理観を確かにもってきております、それは間違いありません。ただし、孝にせよ忠にせよ義にせよ、これは先程説明したとおりやはり日本的な孝であったりあるいは日本的な忠であったり日本的な義である。この辺はちょっと気をつけて見ておいた方がいいとは思いますね。やはり孝に関しては、少なくとも親孝行という言葉があるとおりそのあくまで親しか登場してこないということは注意してみておいた方がよいかもしれません。少しまとまりにかけますけれども、一旦お返しいたします。

多仁　どうもありがとうございました。今４人の方々にそれぞれお話をしていただいたんですが、私の方から簡単にお話の整理をさせていただきます。前川先生の方からまず『若州良民伝』は儒教的な倫理観と規範意識というものを基本に書かれているのですけれども、それは中国人の創り出した儒教そのものではなくてやはり日本的な受取りであったというところが興味深かった思います。そして多田先生の方からご指摘をいただいたように時代的に明和一安永期というのは、江戸幕府の支配体制の転覆という竹内式部と山県大貳の事件が起きて、民衆の中でも天皇制が特別に意識されるようになるということで時代が大きく動きますけれども、その背景には経済の発達という暮らしの部分が大きく変化し、物の価値観が動揺しているということが背景にあるということのご指摘を受けたわけです。そういう中で小浜藩は中島先生のお話の中でこの時期名君をいただいておりまして、文化、教育、学問というものに熱心な時代を迎えていた。特に藩校の順造館によって人材養成機関をつくりそして日本の近代を切り開いた解体新書の購入資金を出したのもこの酒井家であったわけですね。そしてその解体新書を翻訳した学者のうち２人が小浜藩士ということで、小浜藩というのはその時代に若州良民伝という日本的に儒教を受けとった庶民教化政策をとる一方で西洋の近代知識を積極的に選択的に取入れていた、そういう時代である。従って簗山さんのお話のように新しい出版メディアですね、庶民へのメディアとして積極的に藩として出版していけるような動きがとれたのではないかというようなお話の繋がりになっていくんですが。お話の繋がりとしては、非常によく分かる話だと思いますが、それでもお話の中でもいくつか問題点というか、ここはちょっとどうかなというな点が皆さんのところでも受けとめられたところがあると思うんです。この儒教の受けとめ方の中で女性の問題というのは簗山さん、私もですね先達てベアテ・

シロタ・ゴードンさんの日本国憲法第24条の男女同権条文の策定の秘話に大変感動して聞いて来たんですが、そう言う立場からするとちょっとどうかなと思います。「原始女性は太陽であった」という平塚らいてふさんの映画も岩波ホールで見て参りました。なんで私が結婚した亭主のですね、親の面倒を見なくてはいけないのか云ってるわけなんですけども。こうしたその女性の立場というものについてですね、実は江戸時代の女性の立場、特にその村や町の普通の女性の生き方というのは一般の方にはほとんど知られてないんですが、多田さんどうなんでしょうかね、江戸時代に多田さんがフィールドとされている多摩地方でも随分女性の記録が出ていると思いますけれども、江戸時代の普通の女性ってのはどんな生き方だったんでしょう、一概には言えないでしょうけれども、例えば儒教的な倫理観というものとどのように関わり合いがあったのかなかったのか、ちょっとご紹介していただければと思いますけど。

多田　上流階級の女性を中心に儒教の影響を受けたと思われているのでしょうが、一般的にはそういう感覚だと思うんですけど、しかもその逆にその儒教の面から歴史の事実がこうだったみたいなおかしな話になるんですけれども、実際に村方の女性というのは、強くてですね儒教云々とは関係ない世界と言うんでしょうかね、武士社会の女性と違い、農村社会の女性はかなり男勝りと言うかかなり強い存在だったと思いますし、なかには、これはちょっと違う要素かもしれませんけども流行神なんかで、乗り移ったりしますとそう言う人が神様みたいになっちゃたりする人もいてですね、その村方の女性が儒教云々に拘束されてないんじゃなかろうか。だから問題だと言う事になったんじゃないかと思いますけど。

多仁　ありがとうございました。私が知っている範囲でも例えばその伴侶を持つ場合でもですね、自分で押し掛け女房に行く、先に好いた男のところに行ってしまって、村の手続きが後になる。決して珍しい事例ではなく極当たり前にあったという事実が最近の研究でもよく分かってきてるんですけども。女性が記録を残す機会が少ないということで女性の歴史でまだまだ十分に明らかになっていない。どうもやはり我々が描いている江戸時代の女性の立場というのは決して我々が思っているような立場じゃなかったというような感じが実は私はしています。女性がものを書く機会が確かになかったんです。男性に比べて少なかったんです。それは記録を作成する立場、村役人の記録の上で少ないということです。実際に在郷でも町人の奥さんが記録を残されているんですが、農民の女性が記録はまだなかなか発見出来ていない。

中島先生のお話の中で、綱女についてのお話があったんですけども、この綱女の話ではですね、大変おもしろいと思うんです。つまり230年程前の綱女の事跡というものが現在でも地域に伝承されている。単に口承で伝承されているだけではなく、地域の人たちが毎年祀る、いわば地域の文化になっている。その点について例えばどんなふうな受け止めを我々はしていったらいいのか。レアケースなのか、それとももう少し良民伝に出てくる良民というものをですねただ単に藩が自分の都合のいい事実を作り上げて為政者としてそれをですね民衆のモデルとしたと、いうことだけではない様な時代な気がするのですが、中島先生どうなんでしょうか。

中島　まあ綱のですね碑名には『忠烈綱女の碑』ですね。綱が亡くなった明和6年の明くる年もうすでに藩主の命令で碑をつくらせているわけですね。それが、先程言いましたように明治時代に教科書に載りまして、ずっと今日にまで地元で祀られてきておるわけです。私のように戦争中に小学校におりましたものは、武運長久をお寺お宮さんにですね、先生に連れられて参るとともにですね綱女の墓も参りまして、どちらかといいますと天皇陛下のためには、死をいとわんというそういう忠義忠烈というのような印象を当時の私はこの話を受けたんですけれども。しかしまあそれはその時代の解釈でございましてやっぱり今日はこの殿さんに都合がいいとか何とかいうんじゃなくて、本当に先程申し上げましたような母性愛ですとか女性の大きな愛といいますかですね、そういうとっさの判断というものがですね、なかなか後の者がもので計り知れない。やっぱりその綱の人間愛というものがですね、弱いものを助けるという愛というものが私は人の心を打っているんですね。ずっと引き継がれているのでございますので、命日はその西津地区の区長会長が顕彰会長になりまして、現在会員は130名くらいおります。昨日行きましたところですね、碑のあるところに植木がありますので、それを庭師さんが全部剪定しておられましたので、綱の命日が近づいたと言う事でやっておられるんではないのかなと見て来たんですけれども。綱の行為というのは万世に人の心を打つやっぱり素晴らしい事であったと私は思っております。時代時代によって綱の解釈に変わりがあるかもしれないけれど、どこの視点からみても綱の行動の立派さというものが人の心を打っているのではないかというように思っております。それから一点だけですね、今多仁先生が言われました、なぜその時代小浜藩が、それだけ学問に熱心であったのかと言う事をお話しますと、やっぱりこの第７代の忠用という殿さんは、大阪城代を５年程やっておりまして、それから京都所司代を４年ぐらいやるんですけれども、歴代の方の小浜藩主はご存知のように三河以来の家康の家臣で譜代大名でしたのでずっと役人をやる機会が多かった。京都・大阪ていうことにつきましては、やはり小浜は殿様がしょっちゅう京都・大阪に出る機会が多かったためにですね、京都の影響を直接受けることになる。先程ありましたように解体新書の基になりましたのは、山脇東洋が京都で日本で最初に解剖を京都の所司代に願い出る。第７代の忠用が京都所司代の時代でありまして、それから解体新書というものに発展したように歴史家は言っております。よく福井の方に言われるんですね、「何故小浜藩は大老を出し、何人も老中を出し京都所司代も出し、大阪城代もなんかも出すんや」と言われるんですけれども、これはやっぱり譜代大名が故にそういうことが、京都・大阪との関係を深くしたと言う事で京都の学問が小浜に入って来た、藩校順造館が出来たと考えていいのではないかと思います。福井藩校の明道館が出来るよりも順造館は80年も早く出来ているわけですから、いかに小浜藩の学問というものについて背景があったかと、まあ一つの成果がこの若州良民伝だと私は思っているわけであります。

多仁　ありがとうございました。築山先生、今の中島先生への質問の中で私から綱女が伝承されて今地域で文化になっているとお話をしたのですが、こうした為政者側の顕彰したような人々が、一つのモデルとして民衆自身がカルチャーとして受けとめるという問題について、他にもいくつか若州良民伝の中でも例えば美浜町で出てくる例がありますけども、築山先生が小説家としての視点から見て違和感があまりないでしょうかね。為政者側に顕彰された良民という概念ですね、それを現代までも地域の人達持ち続けた意識ですね。

築山　確かにこの時代に、先生もおっしゃいましたように、為政者が誰かを顕彰するというのは、意図がはっきり見えます。例えばその時代に都合のいい忠義であるとか、都合のいい解釈をされるということはあるので、かつて顕彰された人だからとそのまま祀り続けるというのは、確かに一回疑問を持たなければいけないんじゃないかなと思います。けれども、例えばこの綱という人の話をすると、私は若州良民伝の中で、地元でそういう風に顕彰されている人だと知らずに読んだのですが、それでも印象に残る話で、それはどうしてかというと、やはり他の事例の中には必ずしも現代ではそれはあんまり良民じゃないよという話もたくさんあると思うんですけども、この話の場合はやはり小さい力のないものを守るために命を懸けている。命を懸けるのはちょっといい事かどうかまた別なんですけれど、とにかく自分の出来る限りで守ろうとしたという事は、時代に関係なく讃えられるべき事であり、認められるべき事なのではないかなと思います。この良民伝のなかには、本当に時代に規定されてその時の権力者だからこういう人も讃えるんだなという冷静に見なきゃいけない事例もたくさんあるんですけれども、そうではない、これは地元でも本当に伝えていくにふさわしい物語だと思います。逆にいうと、今でも地元に残っていると言う事はやはりそれだけ時代に関係なく、人間としてやはり人々の心に残るものだからだとも言えます。

多仁　ありがとうございました。前川先生、先程のコメントの中で大変印象に強かったのが義ということなんですけども、義というのは中国ではどちらかと言いますと忠義で縦の関係、それに対する日本の方は横の関係が強調された義であると解釈をされたんですが、これは実は今日ご講演いただいた大槻先生のアフリカでの教育の概念とある種通じるところがあるような気がするんですけれども、どうなんでしょうかね。日本人の人間同士の付き合いのある形になるんでしょうかね。

前川　義と呼べるものだけがそうなのかはどうか分かりませんけれども、儒教がどのように日本に入ってきたかということに言及すると、日本でつくられたものが一番最初にその儒教の概念が取入れられているのは何か、と言われると聖徳太子の十七条の憲法だと言われているんですね。その中に明確に「和を持って云々」という、多分社会で習った事があると思うんですけれども。もうその時すでに横の繋がりを特に意識した理解の仕方をしている。それは確かに日本的な理解の特徴であるかもしれませんね。

多仁　私は若者や青年の社会集団の歴史を専門にしているんですが、どちらかというと日本の社会構造っていうのは、中根千枝さんのタテ社会論が強調され過ぎたのではないかと思っています。むしろ、年齢階梯をもつ社会、つまりヨコ社会を研究をしてきたんですが。そういう点では日本の社会のあり方っていうのが基本的には中国と全く違うあり方、人間関係で、そこに中国の感覚を持ってきたと私は感じます。

少し時間がたってしまいました。今までコメンテーターの方に色んなお話を伺い、また少し簡単な質疑をしてまいりましたけれども、大槻先生、今までのお話をお聞きになられまして、どんなご感想をお持ちになりましたでしょうか。

大槻　感想というのはいろいろあるんですけれども。4人の先生方が随分きちんと読まれているんだなあと云うのが第一の感想でありますけれども、私なんか単純ですね。良民伝これを読む時に今までも話あったんですけれども、私は基本的には、孝というのが中心になっているのかな、単純に考えると孝というのは自分と親なり肉親との第一次集団の関係であって、良民っていうのは、それを土台にしてもうちょっと広い範囲、共同体との関係で良民という概念が出てくるのかなという様な単純なつもりでおりました。多分、横の義理というふうに考えますと、私も今ふっと、宮本常一の日本近世の一人前なんですけれども、ケニアの環境大臣の「もったいない」と大部いわれていますけれど、宮本常一はあれとちょっと違うんですけれども、もったいないと言う事と、それから義理ということと罰と言う事と恥と何々のお陰という、この5つで一人前、その中で義理の問題にしてもこれは横ですね。先程私もお話した人間関係、そういう意味では私は孝の問題にしても良民の問題にしても人間関係論として親孝行とか修身とかちょっとあわないといいますか、もう少し人間関係論としてこれを見ていくととってもいい教材になるんじゃないのかなという印象を持っております。日・米・中の高校生調査。これは老後の親の面倒に関する高校生調査で、「どんな事をしても親の面倒を見たいか」という質問で、中国だと82%高校生がですねどんな事をしても親の面倒を見る、アメリカだと63%。日本は42%。この世界青年意識調査というのは5年毎にやっていまして、2002年のものです。この調査は11カ国ありまして一番高いのはフィリピンで同じ様な問題なんですけども、どんな事をしても親を養うってのが80.7%です。11カ国のうちで日本が一番低くって、この5年毎の世界青年意識調査、これは高校生だけじゃないんですね。日本の場合、青年の22.6%は親の面倒を見ない。そして日・米の今年の４月に発表になったデータですと、親は公的な援助に任せればいいというのがアメリカ・中国が0.4%です。だけど日本の場合には多くて5%の人が公的な援助施設に任せればよい、という。今年の５月の調査なんですね。これは人間関係を否定してきている関係になるんじゃないのかな。でそう言う意味では、若州良民伝はですね、私は人間関係論として是非教材に使いたいなと感じています。

多仁　ありがとうございます。今の大槻先生のお話、ちょっと私も思うところがあって同じ様な数字を使ってお話をする事があります。日本や韓国などの家の規制が一見厳しいようなところと、個人が自立している様なアメリカやヨーロッパの家庭と比較した数字があるんです。おもしろかったのは、いっしょに暮らさなくなって別世帯になった親子が会う頻度っていうのが圧倒的に欧米の方が多いんです。日本や韓国の方が別れちゃいますと全く会わなくなってしまいますね。ですから、日本の親子ってのは一体何だったのか、数字から思った事があるんです。日本人の人間関係をもう一度考え直すいいチャンスだと思います。せっかくのいい機会ですのでもう少し伺います。会場の方から何かご質問があれば承りますので、手を挙げていただければと思いますけれども。いかがでしょうか。マイクをお願いします。

聴衆Ａ　まず最初にこういう会を催していただきましたことに対して本当に感謝申し上げます。私たちは今、目の前に起こっております大変な教育の問題についてはよく聞く機会があるようですけれども、このように教育における温故知新といいますか、遡って人を育てるという事の在り方を考える機会のこういう会は特に珍しゅうございます。こういった点で今日のこのご努力に対してまずお礼を申し上げたいとこのように思います。それから次に大槻先生のご講演をお聴きいたしまして、本当に今一人前という言葉が伝えていけるのかなあと改めて実感いたしました。それで一人前になると言う事も以前にはきっとまだお前は一人前でないんだから我慢をしろとか、一人前になったらこういう事が出来るんだとそれまでよく体を鍛えておけとか、そういったアドバイスはきっとあったはず、それが近代以後では、曖昧になってきてというところで薄れているのではないかなと、言う事を私たち大人が子供たちに言って聞かすという場面が薄れていると言う事を、私はお話をお聞きしながら改めて思っておりました。一人前の儀式を経た人達が今日からお前たちは一人前なんだぞと背中を叩いて出発していく。そういう一人前の以前に、一人前でない教育が色々あった、その事を今の時代にちょっと置換えて考えてみたんですけれども、今、大人の社会と子供の社会が混在化しています。例えば私の知人が言うんですけれども、コンビニなどにでも夜中に小さな子供を連れて買い物にくる親がいる。それから、今、スーパー銭湯は、盛りですね。その銭湯に11時くらいになって小学生の子供といっしょに親子がやってくる。こういう現状がいかがかと嘆く話をしたことがありました。私たち大人が、お前はまだ一人前ではないんだから早く寝なきゃいけないよ、とかそういった一人前に育てるための教育を忘れているなあ、これは大人として私が反省するところなんです。ですから子供が育つ一番基の家庭の中において家庭環境の中で親としての子供を一人前に育てるためにはどういう資質が大事なのかということを、もう一度改めて私たち大人社会全部が考えてみる必要があるな。これが今なんだか新しい言葉のように言われている「生きる力」ということなんだなと思いました。この言葉が金科玉条のように言われまして、生きる力を育てるんだと言えばもうすべて通ってしまう風潮があるんです。具体的には何にもそれは見えていないわけで、実は今日大槻先生からをお教え頂いたこういう事を子供たちにもっと教えていかなければいけないかなと、なんか大人が改めて考えさせられた思いでお聞きいたしました。大槻先生にもう一度その一人前と言うその以前の事の大切さについてもう少し触れていただけるとありがたいなと思います。

多仁　ありがとうございました。大槻先生どうでしょうか。

金田　主催者側からちょっと内情を暴露いたしますと、今回のフォーラムを開催するにあたりまして東京からお二人の講師を迎えするところもあって、いかに人を集めるかと言う事でチラシを4000枚刷りました。しかし、残念ながら今日多分40人くらいしか来てらっしゃらないようですね。嶺南の各教育委員会を訪ねまして、学校の先生へ一人一枚ずつ配って下さいと言う事で回りました。けれども学校の先生方のこの無関心さは何なんでしょうか。地域の教育にとって重要な事を、今ご指摘のとおりこのフォーラムで色々指摘されているんですが、学校の先生方は全然燃え上がらない。これはこの会だけではなくて、他の会でもそうらしいんですが、いろいろ学校の先生に訴えて是非参加して下さいと言ってもなかなか応じてくれない。もちろん非常にご多忙な事は分かりますが、今一つやっぱり教育への情熱が足りないと思います。いかがでしょうか。

多仁　ちょっと難しい質問ですが、大槻先生の方から先程の会場からの質問から宜しくお願いします。

大槻　お答えになるか分からないですけれども。色んな方法がある。一つはやはり月並ですけれども、とにかく周りの人が一生懸命というのが大切な点だと思っております。それからもう一つはちょっと逆かもしれないんですけれども、日本には子遣い（こやらい）というものが教育の基本としてありまして。これはですね、ある意味ではほったらかし、ほったらかしってちょっと悪いんですけれども先程御蔵島の話をしましたが、御蔵島は八丈島へ行く途中なんですけれども、船が伊豆七島の中で一番止まらない島なんです。ですから、人口が増えるのを一番恐れている島です。ですからお猪口っていうものも禁句なんです。お猪口は口がありますので、人口の口になるもんですから、お猪口も禁句になるほど食料もありませんので、そしてなかなか船も大型船も着かないという状況です。大島ですと割合大きな島で、中学を終わりまして高校生とか企業に勤めている時に、大島ですとね、親も子供も泣いて元気でとか別れるんですよ。御蔵島ではですね、相言葉がありまして、親は子供に船から何て言うかというと、「いけよ」もういっちゃえ」と。もうこれは15歳になると一人前として出るっていうのは掟なんです。子供は親にむかって「いろよ」って怒鳴るんです。これは達者でいてくれって言う事だと思うんですけれども、この「いけよ」と言うのと「いろよ」は、私は深い情感とそれから子遣いといいますか日本の伝統的な教育観があるのだなという感想を持っております。

多仁　ありがとうございました。次に多田先生、現場教師の立場でどうでしょうか。

多田　今ちょっとあまり教師が熱心ではないというお話があったんですが、現場の中にいて2つくらい感じていることがあるんです。確かに忙しいということは一つあるんです。色々な事がかなり過密に入ってますから、教員の仕事は。私なんかだとほとんど授業ってのは20～30%のエネルギーで、ほとんどが授業以外が勝負になっている。私は20年間くらいそうなんですけれども、まあすごくその周りでやらなければいけない、半分親みたいなもんでいなければならないということがあって、それが年々そうなっていて、出来れば躾もしてほしいみたいな話ですね。親がやはり年々頼りなくなってきていて、それも無碍に断れない状態があって非常に忙しいということですね、だから部活をやってると土日も休めないので2週間とか3週間出っぱなしで休みがない。とかですね、死んだら運が悪かったんだ。ぐらいにしか思えない。そう言う状態が日常化している。全員が決して忙しいというわけじゃありませんが、3分の1とか、忙しい人はものすごく忙しいという状態が年々あって、しかも色々な書類ですね、お役所の方が議会に言い訳をするために、やらされます事があるもんですから、その書かなければいけない不必要と思われる書類が非常に多いですね。例えば東京都だと、10年間のライフサイクルの計画を書け。とかですね。この時に目標とするものを書け。で、どの程度実行したのかパーセンテージで書け。とかですね。それから、まあ確かに忙しいと言う事があるんです。一つはですね、現場の中で、上から言われた事をやってればいいと言う風潮が年々強くなっていって、前に佐藤学さんという東大の方が同僚制と言う事を言っているんですが、同僚の中でチームワークを作って上手くやって見るっていう事が主旨ですけど、その同僚制を組み立てるのが非常に難しくなっていって、上位下達のかたちでやれ、余計な事はやるなと。まあ研究会も色々あるけれど、教育委員会のお墨付きはいいけれど、他の事はあんまり出るな、そういう雰囲気ですかね。決して明確に言ってるわけじゃないんですけども、そういう雰囲気があるということ、それから現場の教員の中で割と評判の良い教授もいるんですが、全体的に教育学はですね、いかがわしいのじゃないか思われることがあります。現場の事を分からないで無視してるんじゃないか、俺たちと関係ないものだと、そういう雰囲気的な感覚ていうのが年々あって、なんかこうやろうとすると不信感みたいなものが根底にある、これはもう感覚なんですけど。ですからあまり研究の研なんて言う字をその歴史学研究の少し真似事をしているだけですが、そうしたことが言いにくいみたいな風潮ですね。理由は一つじゃないんですが、そう言う事が年々マイナスに作用して、前向きに何かやろうというエネルギーが、教員の自主的なエネルギーみたいなものが、もう結果的に制度からも実態からもどんどん削がれていって疲弊しているというのが現実じゃないでしょうか。ですからそう言う意味では先が非常に見えないという感じはします。

多仁　ありがとうございます。私も実は先月ここで、「社会科教育と歴史教育の未来像」という研究集会をやりました。私が企画しながら実は東京の講演に行かなければいけないので、外岡先生に仕切っていただいたんですが、それは高岡の高陵中学が昭和30年代から50年代前半迄行って来たフィールドワークで、ちょうど敦賀の原子力発電所1号機が出来る時に中学生が夏休みに70人やって来て、一夏懸けて「敦賀 —岐路にたつ町—」という報告書を作ってるんですね。これは大変素晴らしい調査報告で、これは毎年積み重ねてられていって、それが町中に広がった事例なんです。それが壊れたんですね。それが何故壊れたのかと言う事を含めて、戦後の結論ない勉強である社会科の解体が、いかに今日の教育荒廃を象徴するものであるか、まあそういう中で地域の学校と先生は乖離し、そして学校の教員は本来は地域の財産になっていかなければならないのが、すでに財産でなくなってきている。というような実態を検討する会を持ったんですが、残念ながら殆どの学校の関係者はお見えになりませんでした。東京から来た学会の方も、教員が参加していない事態をやはり問題として受けとめて学会へ報告が出されると言う事を聞いております。実際、中学校の現場なんか行きますと、親が帰った後、学校の先生がちらっとうっかり言ってしまう事があるんです。芝居をする隙もなかったと。大変重たい言葉だと思いました。つまり父兄に対しても芝居をしているんです先生は。学校は仮面の劇場になっていますね。素直に子供に向かっていく。地域に向かって行けるという状態では、すでに学校の先生がなくなっているんです。管理職の方ともお会いをしてお話をしますと、先生、私もう辞めたいんですがなんかいい仕事ないですかね。と言うような事をおっしゃる方もいます。何やってるんでしょうかね。学校の安全教育の一方で地域に開けといわれて、矛盾する事を同時にやれといわれてもどうにもならないんです。多田先生がおしゃっていた書類ですね。それと研修。いらない書類と研修の山でもって、生徒と向き合えないといわれています。もちろん教師の側に問題があるのも事実なんですが、残念なことに今まで地域の文化を支えてきた学校の教員というものが、すでに地域の文化人となり得なくなっています。それは地域にとって、特に地方にとって大きな負の遺産であると私は考えて、そうしたことを克服するための研究集会を催したんです。が、予想通り学校の先生のご参加はいただけませんでした。それが現実だと我々は受けとめていかなければならないわけです。

私が生まれ育った東京の下町深川では、宴会になりますと町内のいい大人たちが浴衣を着て手踊りをやっている姿を見て、いいもんだな、お酒を飲んでる姿を見てもその雰囲気、お酒そのものよりもとてもいい雰囲気でした。御神輿を担ぐ。そうすると一人前になれる。一人前として扱ってくれる。大人の神輿を担ぎたい。自分の子供が担いだ時に子供が一人前になったなという明確な指標が社会にある。そういった社会は安定している様な気がします。一方、現代社会は子供たちの見習う規範がない。大人自身が自らの規範を失っている。私ども大人の社会が自分たちの規範を明確にしてないからこそ、子供たちが目指すべき大人がいないということです。教育現場にいる私共としては重たい課題ばかりなんですが、今日は大槻先生の素晴らしい講演もありまして、私もそのヨーロッパ対アフリカという中で、アフリカの教育学の原点、他の人々との正しい関係、他の人々との正しい行い、という本来人生の理想、教育の理想と言う事を改めて重たく受けとめさせていただくことができました。大変ありがたかったと思います。まとまらない話でございましたけれども、時間も来ましたのでこの辺でお開きにしたいと思います。コメンテーターの方々にもう一度拍手をお願いいたします。どうもありがとうございました。

司会　多仁先生をはじめゲストの先生方本当にありがとうございました。専門のお立場からご熱心なお話を聞かせていただきまして本当にありがとうございました。そして今日お越しのみなさま、私後ろから見とったんですけども、本当にメモを取ったりですね大変熱心に聞いていただきました。また、大槻先生の心温まるお話、ありがとうございました。人数は少なかったとは思うんですが、本当に密度は濃かったかなと思っております。若狭路文化研究会では、これからもフォーラムを重ねてまいりたいと思いますので、その節はどうかよろしくお願いしたいと思います。ではこれで終了させていただきます。本当にありがとうございました。

と商《あき》ふるもの多し典農司《だいくわん》此事を傳へきく
廰《ちやう》に達す　廉察《さく》し遂明和八年卯二月晦日
銭若干を施ひろく篤孝《とくかう》を称《せう》せらる爰《こゝ》におゐて同
邑《ゆう》の民ども　君徳の忝さを仰《あふ》ぎ各《かく》相勧めく
彼《かれ》が志を遂《とげ》しめける

小松原角左衛門女綱

綱《つな》は安房下中郡西津《みづ》小松原《こまつばら》の漁父《ぎよふ》角左衛門といふ
ものゝ女《むとつ》なり角左衛門家極《こさい》めて貧《まづ》しく女綱《ひとつな》
西津に住《まち》る三方郡の典農司《だいくわん》の屬吏《てだい》なる松尾義重

忠烈綱女之碑

若狭路文化研究会編『若州良民伝』より抜粋

若狭湾沿岸地域総合講座叢書 8

若州良民伝に学ぶ

~社会規範と現代教育~

2007年2月10日第1版発行

敦賀短期大学地域交流センター 編

発行所　　敦賀短期大学地域交流センター
福井県敦賀市木崎78-2-1
TEL 0770－24－2130㈹
e-mail : kouryu@tsuruga.ac.jp

印　刷　　株式会社　博研印刷

発売元　東京都千代田区飯田橋
4-4-8 東京中央ビル内
TEL03－3239－1467
㈱同成社
振替00140-0-20618

ISBN978-4-88621-387-7 C1321

若狭路文化研究会では、本書の刊行にあたり㈶げんでんふれあい福井財団のご支援を賜りました。